Coaching pro | numéro 69

COMMENT DEVENIR UN MANAGER BIENVEILLANT ?

Pratiques du management de demain

par Karima Chibane

50MINUTES

DEVENIR UN MANAGER BIENVEILLANT ET CONGRUENT

- **Problématique ?** Comment manager dans le bien-être des équipes intergénérationnelles, dans un monde en changement permanent ?
- **Utilité ?** Le management bienveillant prône le mieux-être au travail et permet de développer les synergies par l'intelligence collective, d'accroitre les performances et la créativité, et de prévenir les risques psychosociaux.
- **Contexte professionnel ?** Direction ou management d'équipe, ressources humaines, gestion des talents, relations professionnelles, etc.
- **FAQ ?**
  - Que répondre à ceux qui pensent que pratiquer la bienveillance, c'est être naïf ?
  - Pourquoi choisir le mode de management bienveillant orienté vers la congruence ?
  - Quels sont les trois indicateurs clés d'une pratique de management bienveillant et congruent ?
  - Quelle est la différence avec le management éthique, le slow management ou le manager-coach ?
  - La bienveillance, une clé du « bonheur » dans le monde professionnel ?
  - Comment devenir un manager bienveillant et congruent ?
  - Tous les managers peuvent-ils devenir bienveillants ?
  - Que disent les dernières découvertes sur ce style de management ?

> « Toute vérité franchit trois étapes. D'abord, elle est ridiculisée. Ensuite, elle subit une forte opposition. Puis, elle est considérée comme ayant été une évidence. » (Arthur Schopenhauer)

De nouvelles façons de manager voient le jour assez régulièrement. La tendance du management bienveillant semble plus importante. Partie des États-Unis, comme la plupart des courants managériaux, elle s'implante depuis quelques années en France. Si l'on se penche sur la définition du mot « bienveillant », on trouve « une disposition favorable envers quelqu'un » (centre national de ressources textuelles et lexicales, CNRTL) ou encore « une disposition d'esprit inclinant à la compréhension, à l'indulgence envers autrui » (Larousse). Les différentes définitions peuvent se résumer par : chercher ce qu'il y a de positif chez l'autre ou dans une situation. Il s'agit alors pour le manager d'apprendre à gérer la relation à autrui de façon positive, afin de produire une action collective efficace, propice à une performance accrue.

Cependant, certains managers sont encore trop souvent à la recherche du chiffre avant tout, oubliant la relation humaine et l'importance de son équilibre. Les relations interprofessionnelles ne devraient pourtant plus se gérer avec des tableaux de bord : cette approche a montré ses limites, la flambée actuelle des burn out en est un des symptômes criants.

Le recentrage de la pensée managériale sur la relation humaine avant la tâche à accomplir se retrouve désormais à la fois dans la littérature managériale, les formations des écoles de management, les universités et les interventions des cabinets de conseils ou de coaching.

La célèbre Academy of Management (AOM), qui est la plus grande manifestation académique dans le domaine des sciences de gestion, a mis en exergue lors de son congrès annuel de 2010 la tendance managériale du « Dare to care », c'est-à-dire oser la bienveillance. Deux ans après, l'*Academy of Management Review* (AMR), revue scientifique issue de l'AOM et l'une des plus prestigieuses de son domaine, a suivi avec un dossier sur le management bienveillant et des articles réguliers sur le développement de cette posture managériale.

Cette forte émergence de la question de la bienveillance et de la congruence devient centrale. Elle draine autour d'elle les réflexions concernant le management éthique, l'intelligence émotionnelle et relationnelle, l'intégrité, l'intelligence collective, l'agilité ou encore le *slow management*. Pour certains, le management bienveillant orienté vers la congruence est la caractéristique des grands managers : ceux qui possèdent une personnalité affirmée, qui ont confiance en eux-mêmes tout en étant ouverts d'esprit.

B.A.-BA DU MANAGER BIENVEILLANT

LES MANAGERS D'HIER ET D'AUJOURD'HUI

Qu'est-ce qu'un manager ?

Un relatif consensus existe entre les différents auteurs en management quant à la définition du manager. Sa principale caractéristique réside dans sa mission, à savoir diriger et coordonner un ensemble d'individus sous sa responsabilité. Un dirigeant d'entreprise est donc aussi un manager.

NOTA BENE

Le choix de ne pas faire de distinction entre managers et dirigeants dans cet ouvrage est volontaire. Le management bienveillant peut être une posture commune, car chacun d'eux a pour vocation de créer de l'intelligence collective par synergie.

Le manager de demain

Les théories managériales ont pour fonction de décrypter le fonctionnement des organisations. Les premiers travaux sont relativement récents puisqu'ils datent du début du XXe siècle et sont orientés vers l'amélioration des performances des entreprises.

Jusque dans les années soixante-dix, les organisations étaient structurées sur un modèle de type bureaucratique : une ligne hiérarchique imposante, un contrôle important et peu de délégations. Les années quatre-vingt-dix forment dans ce contexte une période charnière : le statut et le niveau hiérarchique ne sont plus suffisants, le management se tourne vers la notion de résultat et de moyens pour y parvenir. Les managers doivent changer ; il devient pour eux nécessaire de développer une légitimité de type relationnel. La capacité de mobilisation des équipes prime alors sur la maîtrise technique de l'emploi. Ils doivent désormais posséder des capacités communicationnelles importantes, ils sont jetés au cœur des relations humaines et des enjeux humains, la plupart du temps sans préparation. La mondialisation des marchés, les mutations d'environnement de plus en plus rapides, les nouvelles organisations en réseau ou en projet sont passées par là.

Ce changement de paradigme pour les managers les conduit à activer d'autres ressources. Un entraînement à la relation devient alors nécessaire, avec un développement de l'empathie et une connaissance de l'intelligence émotionnelle notamment. C'est le passage du manager au leader. Le *hard power*, apanage du manager plus agressif, de l'organisation très hiérarchisée et fortement centralisée, est terminé. S'il était adapté au contexte de production de masse, dans notre société post-industrielle où la mobilisation de l'intelligence est importante, où l'implication a remplacé l'obéissance, les travailleurs sont des individus libres et peu loyaux envers les entreprises. La génération dite « Y » représente clairement ce mouvement, qui est structurel et qui va aller en s'accentuant avec la génération Z.

Bref rappel sur les générations

- **La génération X** concerne les personnes nées entre 1960 et 1980. Elles ont eu du mal à trouver des emplois stables et bien rémunérés et ont tendance à s'accrocher à leur poste et à gravir les échelons avec le temps. Cette génération privilégie l'équilibre entre vie privée et vie professionnelle. Pour elle l'information est plutôt lente et filtrée. Elle a bien du mal à comprendre la génération Y et vice versa.
- **La génération Y** concerne les personnes nées entre 1980 et 1995. Elle a grandi devant la télévision, le développement d'Internet et les jeux vidéo. Pour ces *digital natives*, l'autorité n'est pas toujours synonyme de compétence. Elle remet tout en cause, y compris les modes de management existants,

au grand dam des X. Pour elle, l'efficacité prime sur l'ancienneté et elle veut être entendue. Elle ne place pas le travail au premier plan : elle est à la recherche d'une meilleure qualité de vie, elle pense à court terme et pratique la mobilité. Elle veut une progression rapide, des horaires flexibles, de la liberté et de l'autonomie.

- **La génération Z** concerne les personnes nées à partir de 1995. Elle est également nommée la « génération C », pour Communication, Collaboration et Connexion. Cette génération a grandi avec les réseaux sociaux et est connectée en permanence. Contrairement aux autres générations, elle ne connaît pas la vie sans les nouvelles technologies. Pour elle, la congruence est d'autant plus importante qu'il n'y aura sans doute bientôt plus de barrières entre vie personnelle et vie professionnelle, qui tendent à se mélanger.

Le leader dont l'intelligence relationnelle est développée, qui se place dans une posture managériale bienveillante et congruente, représente par conséquent le manager de demain.

QU'EST-CE QUE LE MANAGEMENT BIENVEILLANT ET CONGRUENT (MBC) ?

Mots-clés

- **Sécurité ontologique** : fait d'avoir confiance en son être. Ce sentiment de sécurité sert de socle solide pour rester centré. Il permet d'agir dans le respect de soi et de l'autre, plutôt que de réagir selon ses mécanismes de défense. Il ouvre à l'assertivité. En résumé, pour un manager, il s'agit d'être à l'aise dans sa peau, dans sa fonction et dans la complexité de son environnement ; ce qui est un levier pour la congruence.
- **Congruence** : alignement, cohérence parfaite entre la pensée, la parole et l'action. Cela se résume pour un manager par : « Faire ce que l'on dit et dire ce que l'on fait. » Cette harmonie intérieure ouvre à l'empathie.
- **Empathie** : possibilité pour le manager de ressentir ce que peut éprouver un salarié en difficulté ou en conflit. L'empathie n'est pas la sympathie, qui console et enrobe d'affectif ; au contraire, elle est neutre et distanciée. C'est la capacité de se mettre à la place de l'autre, pour ressentir ce qu'il ressent et mieux le comprendre, et non pour se faire apprécier.
- **Sens** : la recherche de sens est importante aujourd'hui, fortement véhiculée notamment par la génération Y. Donner du sens aux équipes que l'on gère est primordial, toutes les enquêtes le démontrent.

- **Agilité** : recherche d'une amélioration continue du développement issu de l'intelligence collective des équipes qui la pratiquent. Il s'agit pour le manager de valoriser cette intelligence collective, d'instaurer une confiance mutuelle pour la fertiliser, la mobiliser et la coordonner.

Le MBC consiste à retrouver enfin l'âme du métier de manager, ainsi qu'une cohérence entre les valeurs personnelles et l'efficacité économique. Le MBC est un mode de gestion des équipes qui se base sur la courtoisie et peut se décliner en 12 points.

1. **Savoir écouter**. L'écoute active permet de repérer les dissonances entre le verbal et le non-verbal. Nous le savons aujourd'hui, dans la communication, le verbal ne contient que 20 % à 30 % du message. Décoder le langage du corps par la voix, les gestes ou les expressions du visage est essentiel puisqu'il fournit justement l'essentiel de l'information.

2. **Donner du sens au travail de chaque collaborateur**. L'idée est de partager avec tous une vision globale, de définir clairement les missions, d'encourager et de reconnaitre le travail de chacun. Il est important de faire des feed-back réguliers pour réajuster le tir en cas de besoin. Cela nécessite bien entendu d'affronter aussi les difficultés et d'en parler, dans une logique de recherche de solution commune.

3. **Veiller au bien-être des individus**, par la mise en place d'une politique volontaire et concrète, en impliquant les salariés dans le choix de leurs outils ou de leur environnement de travail. Il s'agit de veiller également à l'équilibre de la vie professionnelle et de la vie personnelle par la possibilité du télétravail ou par la flexibilité des horaires par exemple.

4. **Développer le mieux-vivre ensemble** par des relations de meilleure qualité. Pour se faire, le manager peut par exemple se former à l'intelligence émotionnelle afin d'améliorer ses capacités relationnelles. En effet, la relation est au cœur de la fonction managériale telle qu'elle se conçoit aujourd'hui.

5. **Valoriser l'expression et reconnaître le droit à l'erreur**, notamment dans les phases d'apprentissage. Quand le manager reconnaît ses propres erreurs auprès de ses collaborateurs, il les autorise à en faire de même. Il instaure la possibilité d'apprendre de ses erreurs et, par conséquent, d'oser des façons de faire innovantes. Le concept des Fail Con, lancé aux États-Unis, est très inspirant dans ce domaine.

LE SAVIEZ-VOUS ?

Les Fail Con sont des conférences destinées aux entrepreneurs, aux fondateurs de start-up et à toute personne impliquée dans l'innovation. Des expériences d'entrepreneurs à succès sont partagées en mettant en avant les vertus d'apprentissage suite à un échec. Le concept sous-jacent : les meilleurs entrepreneurs sont ceux qui ont échoué puis surmonté leur échec en rebondissant financièrement, émotionnellement et professionnellement.

6. **Penser « équipe » avant tout et privilégier la coopération**. Le manager doit être attentif à ne pas se mettre systématiquement en avant. Il doit faire montre d'humilité et considérer l'autre comme important à la bonne marche de l'entreprise. Ceci implique de faire preuve d'empathie et d'instaurer de la confiance dans ses relations interpersonnelles, de la nourrir et de la faire croître afin que chacun se sente contributeur au sein de l'équipe. Privilégier la coopération, c'est aussi pratiquer un mode collaboratif de recherche de solution. En revanche, cela ne veut jamais dire accepter le consensus mou ou faire preuve de laxisme !

7. **S'évertuer à rester positif**, car l'humeur et l'attitude du manager ont une grande influence sur ses collaborateurs. Prendre conscience que cette posture positive est contagieuse pour toute son équipe par capillarité.

8. **Instaurer le respect par l'exemple**. Voilà sans doute un des points les plus difficiles pour un manager... En effet, il exige rigueur et pratique quotidienne. Le manager ne doit jamais oublier que tous ses gestes, actions, attitudes ou paroles sont observés, analysés et souvent reproduits par mimétisme. Il doit par conséquent observer une sorte d'ascèse, car son honnêteté, son éthique, son équité et son sens de la justice doivent être exemplaires pour pouvoir engendrer le respect de ses collaborateurs.

9. **« Mouiller sa chemise »**. Le manager doit savoir prendre des risques personnels pour protéger ses collaborateurs, tout comme il doit avoir le courage de sanctionner quand cela est nécessaire. Par cette attitude, il acquiert de la légitimité et permet aux salariés de se sentir en sécurité.

10. **Savoir gérer la solitude du pouvoir**. Celui qui devient manager devient par là même le plus responsable parmi ses collaborateurs ; cet acte isole de fait. Le danger est de s'enfermer dans la pensée que c'est seul qu'il est arrivé là. Par extension, il peut alors croire que ce n'est que dans la solitude que l'on peut gravir les échelons. Un autre risque est le développement du complexe de l'imposteur.

ATTENTION AU COMPLEXE DE L'IMPOSTEUR

Il s'agit de la réflexion interne que développe le manager qui accède à un nouveau poste ou enrichit sa fonction d'une nouvelle responsabilité. Il est très fréquent qu'il se demande si le costume n'est pas trop grand pour lui. Il se perçoit alors comme un imposteur et vit dans la crainte d'être démasqué. Ce complexe touche 70 % des personnes à haut potentiel. Un travail de développement personnel peut être une aide précieuse, car il permet de mieux se connaître et d'être au clair avec ses atouts et ses zones d'ombre.

11. **Pratiquer l'authenticité, la congruence**. Il s'agit de l'alignement de ses sentiments, de ses convictions et de ses comportements. Cette attitude crée de la confiance et de la stabilité au sein des équipes, car le manager donne par là une marque de fiabilité.

12. **Développer son humour**. Soyons honnêtes : la nature est injuste dans ce domaine. Cependant, l'humour est important, car il cimente le collectif et aide à dénouer les tensions : heureux donc les managers qui en sont dotés ! Malgré tout, attention à ne pas vous considérer trop vite comme dépourvu de toute forme d'humour : il s'agit d'une manière de voir les choses, qui peut prendre de nombreuses formes et peut se développer en même temps que la personnalité évolue.

La Process Communication

La Process Communication (ou PCM), modèle de communication créé en 1980 par le psychiatre américain Taibi Khaler (né en 1943), a pour but de faciliter les échanges entre les individus. Il s'agit d'une classification des personnalités en différentes catégories. Les connaître permet de simplifier et d'adapter la communication à chaque personnalité. Pour la PCM, actuellement très en vogue, le management bienveillant est un des quatre styles de management, avec l'autocratique, le laisser-faire et le démocratique. Le management bienveillant se définit par le fait qu'il s'occupe plus de la personne que de la tâche. Il resserre les liens dans une équipe, encourage les interactions et l'esprit coopératif.

QU'EST-CE QUE CELA IMPLIQUE ?

Qu'implique la bienveillance en tant que ligne de conduite managériale ? Ne le cachons pas, cette posture est exigeante envers soi-même, car elle nécessite une clairvoyance quant à son propre fonctionnement et son mode relationnel. Par une approche plus humaine et porteuse de sens, elle conduit vers la congruence.

Une approche plus humaine

De plus en plus de managers se rendent compte qu'une approche plus humaine produit plus de résultats. En effet, elle leur permet de mieux mobiliser leurs équipes et d'optimiser leurs ressources.

Il s'agit de rechercher avant tout ce qui fait la valeur du collaborateur plutôt que pointer ses manques ; changer son regard en somme. On peut aisément comprendre que des collaborateurs travaillent mieux dans un contexte où ils se sentent considérés.

L'EFFET PYGMALION

En recevant un regard positif et confiant de son manager, le salarié trouve alors en lui-même le ressort pour progresser et aller de l'avant. En résumé, si vous voyez vos collaborateurs comme excellents, ils auront toutes les chances de le devenir : c'est ce qu'on appelle l'effet Pygmalion. Surtout, ayez ce regard bienveillant envers *tous* vos collaborateurs et pas seulement envers ceux avec lesquels vous vous entendez bien.

La place principale du sens

Aujourd'hui, le management se fait dans la complexité : il est indispensable de s'éloigner des outils mécaniques et des causalités linéaires pour résoudre les défis quotidiens. Exit la focalisation sur le problème dans le but de trouver des causes et donc un responsable à blâmer ! La causalité a laissé la place à la complexité, où plusieurs paramètres s'entremêlent et s'influencent réciproquement, ce qui engendre l'incertitude. Les managers sont constamment sollicités pour transformer cette angoisse en confiance : ils deviennent porteurs de sens. Face au changement perpétuel, les équipes ont besoin de la réponse au « pourquoi ». Face aux contradictions et incertitudes, elles se tournent naturellement vers le manager pour trouver de la cohérence.

Le but étant la congruence

Rappelons que la congruence, ou le « *walk the talk* » (joindre le geste à la parole) comme le disent les Américains, est un concept issu de la programmation neurolinguistique (PNL) et inspiré des travaux du psychologue américain Carl Rogers (1902-1987). Elle est présente lorsqu'il y a alignement entre ce que je suis, ce que je pense, mes valeurs, ce que je ressens, ce que je dis et ce que je fais. Elle est repérable par une adéquation entre les signes verbaux et non verbaux. De cet alignement naissent l'authenticité et l'état d'une personne dite « centrée ».

La congruence se travaille sur le terrain de la confiance en soi avec une véritable transformation intérieure qui donne une aisance rayonnante. Selon Carl Rogers, il s'agit de l'accord entre la conscience de ses besoins, ses désirs et l'expression que l'on en donne. Elle crée un état d'esprit sain, propice à la réalisation de soi, qui incite l'interlocuteur à déjouer ses mécanismes de défense pour rétablir sa propre congruence.

Êtes-vous congruent ?

Pour savoir si vous êtes congruent, il suffit de se poser les questions suivantes face à la situation que vous vivez :

- Est-ce que cela me ressemble de dire ou de faire cela ?
- Est-ce que je me sens bien psychiquement et physiquement quand je le dis ou que je le fais ?

N'oubliez pas de vous prêter régulièrement à cet exercice, et faites confiance à ce que vous ressentez.

Au final, les travailleurs jugent leurs managers sur la réalité de leurs comportements et la cohérence de ceux-ci avec leur discours.

UNE FORME DE MANAGEMENT EN PLEIN ESSOR

De plus en plus d'entreprises y adhèrent

Le magazine *Psychologies* crée la « journée de la gentillesse » le 13 novembre 2009, puis lance un « appel à plus de bienveillance au travail ». Actuellement, plus de 300 entreprises, petites et grandes, ont suivi. Leur engagement est de développer des actions concrètes autour de trois axes :

- donner du sens au travail de chaque salarié ;
- développer la qualité du mieux vivre ensemble et des relations ;
- veiller au bien-être des individus.

Nous pouvons par exemple citer :

- Google Europe, pour qui la posture managériale et l'ambiance de travail tournées vers le bien-être sont au cœur de la définition de la bienveillance ;
- le cabinet d'audit et de conseil KPMG, qui a mis en place une charte des sept bonnes pratiques d'équilibre vie privée-vie professionnelle et des dix comportements managériaux favorisant les relations respectueuses ;
- le groupe Casino, qui fait de la bienveillance le socle de son approche DRH, encadrer sans stresser. Un spécialiste du stress forme ainsi les managers sur trois points principaux : donner du sens au travail, fixer des objectifs à la mesure des possibilités de la personne, développer la reconnaissance.

Le cercle vertueux perçu par les entreprises

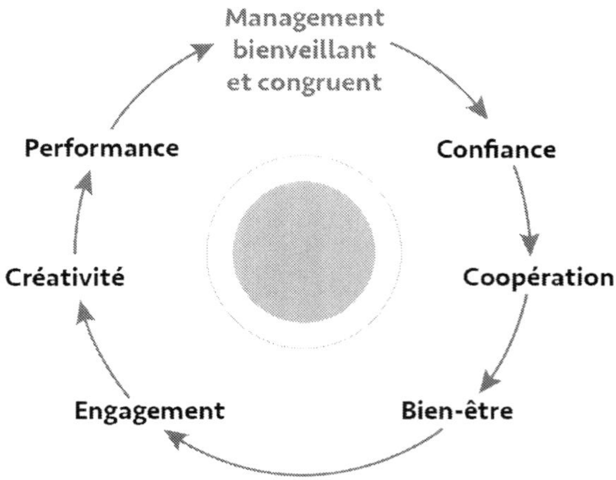

En somme, le MBC libère les énergies et les talents. Il apparaît à la fois comme une réponse au stress actuel et un mode managérial adapté à toutes les générations.

Un mode de management adapté aux équipes intergénérationnelles

Le MBC répond parfaitement au casse-tête actuel des managers, qui se plaignent du décalage entre générations et de la difficulté de fédérer des équipes mixtes, de plus en plus nombreuses.

Pour commencer, il apporte une solution au besoin de reconnaissance ainsi qu'au besoin d'une bonne qualité relationnelle (confiance, bonne ambiance, authenticité, etc.) des Y. Il fait également écho à leur recherche de sens, qu'il s'agisse de leur besoin de comprendre le pourquoi des décisions et des orientations ou de leur exigence de réalisation de soi au sein du travail. Contrairement aux X, qui ont dû faire preuve de leur compétence, les Y veulent que le manager leur fasse confiance dès le début – en instaurant une période test si nécessaire. Ils sont en recherche constante d'informations, ce en quoi le rôle de leurs aînés les X peut être important, particulièrement dans la transmission du savoir-faire du métier (par exemple à travers le mentorat). Le manager, en focalisant son management sur le sens, sur la reconnaissance et sur les relations plus détendues – points auxquels les X ne sont évidemment pas non plus opposés –, permet à chaque génération de trouver sa place dans le collectif.

Quant aux Z qui arrivent depuis peu dans le monde du travail et qui voient celui-ci comme une jungle, ils savent qu'ils feront plusieurs métiers et que la plupart des métiers de l'avenir n'existent pas encore. Par conséquent, l'entreprise devient pour eux apprenante et le mixage des générations, une réelle opportunité de partager les savoirs. Le manager bienveillant accompli possède cette ouverture et cette souplesse. Il est capable de gérer ces différents paradigmes, car il sait révéler les potentiels et fertiliser les synergies.

PETIT PLUS

Une bonne méthode pour inclure immédiatement de nouveaux collaborateurs Y ou Z consiste à leur demander dès les premières semaines de leur arrivée un « rapport d'étonnement » confidentiel. Celui-ci portera sur les six à huit points qui les ont le plus étonnés, ainsi que sur leurs propositions pour les améliorer. Au manager de voir ensuite quelles suggestions il peut prendre en compte.

Les premières formations

- L'institut d'administration des entreprises (IAE) de l'université Jean Monnet Saint-Étienne propose, au sein de son cursus de master II « Management du commerce et de la distribution », un module sur le management bienveillant centré sur la gestion du stress.

- Depuis 2013, au Centre hospitalier universitaire (CHU) de Rouen, une formation au management bienveillant est proposée aux cadres hospitaliers avec deux valeurs phares, le droit à l'erreur et l'écoute, et avec un focus sur l'humain au cœur du management.
- Grenoble École de management, au sein de son cursus doctoral « Doctorate of Business and Administration » (DBA), propose depuis 2012 le management bienveillant dans la liste des sujets de thèse traités.

En parallèle, de nombreux cabinets de conseil, de formation ou de coaching, que ce soit en France, en Belgique ou en Suisse, proposent aujourd'hui des formations en management bienveillant afin de répondre à la demande croissante des entreprises.

CONCLUSION

L'heure est au management « organique » des entreprises : moins de hiérarchie et de *reporting* pour plus d'opérationnel, avec des lignes managériales courtes. Les différentes approches actuelles formulent, chacune à sa manière, cette diversité du management centré sur la relation, car il est avant tout pratiqué par des êtres humains pour leurs semblables.

La spécificité du MBC réside en ce qu'il induit une relation vraie, plus exigeante que l'opacité d'une organisation ou qu'un retranchement derrière son quant-à-soi. Le manager bienveillant et congruent est direct, ouvert, positif et il ose secouer son personnel quand cela est nécessaire. Il a aussi une vocation de pédagogue en aidant son équipe à comprendre les réussites et les échecs. Il fertilise également les talents de ses collaborateurs dans une dynamique de progression. Il se préoccupe du bien-être des autres, en étant ce que les jeunes générations qualifient de « digne de confiance », à savoir compétent, bienveillant, intègre et cohérent.

Oui, répétons-le, il s'agit une forme de management exigeante pour le manager, qui demande un travail continu sur soi pour acquérir une force de caractère. Car, ne l'occultons pas, l'outil du manager est en premier lieu sa propre personnalité. Comme tout art, la régularité de l'exercice est nécessaire pour qu'au final la technique s'efface et laisse place à la justesse du geste.

Le management bienveillant possède cette spécificité qu'il est encore en croissance. Cette phase de grand développement laisse encore, pour les managers aventuriers, la possibilité d'élargir les territoires et par là même, de faire œuvre de cartographie pour leurs pairs. En explorant des terres inconnues en eux-mêmes, en éclairant leurs zones d'ombre, ils peuvent alors mieux accompagner les autres à se dépasser.

Enfin, comme l'indique l'AOM, le management bienveillant, par son humanité, interpelle les méthodes de management de par le monde, et l'ajout de la dimension de congruence le rend plus ouvert aux exigences de demain. Car n'oublions pas que la sphère du travail est avant tout un lieu de vie et une entreprise collective.

TOP CONSEILS

- Surtout, ne faites jamais semblant de vous intéresser à vos collaborateurs : ils le ressentiront immédiatement. N'oubliez pas que notre communication est entre 60 à 70 % non verbale. Si vous n'êtes pas sincère, le ton de votre voix, votre posture, votre visage vous trahiront.
- Ne rappelez pas à tout bout de champ que vous êtes un manager bienveillant. Il ne s'agit pas de le claironner mais de l'incarner pleinement, en étant congruent. Cette posture s'acquiert et se façonne progressivement et, une fois acquise, elle parlera d'elle-même. Ce type de manager se repère très rapidement.
- Cultivez votre bien-être, car il influence vos collaborateurs. Trouvez votre façon de vous ressourcer et de vous remplir d'énergie : sport, méditation de pleine conscience, développement personnel, chant ou théâtre... et pratiquez régulièrement. Ne négligez pas votre vie familiale et votre vie sociale ; elles participent à votre équilibre et ce dernier est essentiel, car votre état affecte celui de votre équipe par résonnance.

PETIT TRUC FACILE

Quelques minutes avant de quitter votre bureau, écrivez quelques lignes reprenant vos accomplissements de la journée. Savourez-les quelques instants, puis seulement partez. Ce rituel évitera d'emporter votre stress à la maison.

- Développez votre intelligence émotionnelle en étant à l'écoute de vos propres ressentis. Accueillez chaque émotion comme une amie, car elle porte le message du besoin satisfait ou à satisfaire. Les émotions sont un GPS interne dont le but est de nous aider à répondre aux changements de notre environnement.

On dénombre généralement six émotions primaires (joie, tristesse, peur, surprise, dégoût et colère) et, selon le psychologue américain Paul Ekman (né en 1934), pionnier de l'étude des émotions et leur corrélation avec les expressions faciales, elles sont universelles. Il est utile pour un manager de savoir ce qui peut les déclencher et quelles réactions elles peuvent engendrer. Exercez-vous souvent pour acquérir le réflexe. Une fois intégré, il vous permettra de détecter l'émotion de votre interlocuteur et de comprendre son comportement. Vous pourrez alors adapter votre communication en conséquence.

Les émotions, leurs déclencheurs et les réactions engendrées

Émotion	Déclencheur	Réaction
Colère	Injustice ou obstacle	Attaque
Dégoût	Élément nocif	Rejet
Joie	Réussite, positif, réalisation	Ouverture
Peur	Danger	Fuite
Surprise	Situation inattendue	Retrait
Tristesse	Perte	Retrait

FAQ

QUE RÉPONDRE À CEUX QUI PENSENT QUE PRATIQUER LA BIENVEILLANCE, C'EST ÊTRE NAÏF ?

Le manager bienveillant n'est pas un mollasson, un doux rêveur ou un manipulateur. Il fait preuve de respect et d'humanité au quotidien pour faciliter la tâche de ses collaborateurs et atteindre les objectifs. Il ne s'empêche pas de dire les choses ; il cherche plutôt à bien les dire. Certes, il est souvent plus facile de s'énerver, de chercher à imposer sa volonté par la force ou la menace ou de fuir ses responsabilités : c'est bien pour cela que pratiquer la bienveillance est un exercice plus exigeant pour le manager qui choisit cette voie.

POURQUOI CHOISIR LE MODE DE MANAGEMENT BIENVEILLANT ORIENTÉ VERS LA CONGRUENCE ?

Pour plusieurs raisons, toutes centrées sur le mieux-être et par conséquent sur une présence professionnelle plus efficiente. Tout d'abord, en ce qui concerne le manager, ce mode managérial permet à celui qui l'utilise d'être en cohérence avec ses valeurs, ce qui est essentiel pour son équilibre psychique. Ensuite, du côté des collaborateurs, ceux-ci sont plus écoutés, mieux considérés et travaillent dans un environnement plus serein. Le résultat est qu'ils sont plus efficaces, plus performants, moins malades et moins sujets au stress.

QUELS SONT LES TROIS INDICATEURS CLÉS D'UNE PRATIQUE DE MANAGEMENT BIENVEILLANT ET CONGRUENT ?

On reconnaît le manager bienveillant et congruent tout d'abord à sa personnalité assumée par une bonne confiance en soi, qui permet la confiance en l'autre. Ce socle de la confiance assure ensuite une ouverture de la posture managériale à la bienveillance et à la congruence. Enfin, la clé de voûte réside dans le goût du manager pour son métier, car ce plaisir de travailler insuffle de l'énergie à la fois au manager lui-même et à son équipe.

QUELLE EST LA DIFFÉRENCE AVEC LE MANAGEMENT ÉTHIQUE, LE *SLOW MANAGEMENT* OU LE MANAGER-COACH ?

Le management éthique, modélisé par le professeur hollandais Muel Kaptein en 2003, prône l'authenticité, la fiabilité, des qualités de communication et le souci du bien-être des salariés.

Le *slow management* est modélisé en 2004 par l'Allemande Heike Bruch et l'Indien Sumantra Ghoshal. À l'origine, il s'agit de réduire la hiérarchisation et l'organisation des demandes provenant des multiples acteurs de l'entreprise, en opposition avec le *fast management*. Puis il s'est étendu à la revalorisation des individus et à leur bien-être en entreprise.

Le manager-coach intègre quant à lui des outils de coaching dans sa pratique managériale, comme les différentes formes d'écoute, la reformulation, la bienveillance, le questionnement ou le silence.

Ces différentes postures managériales se rejoignent sur leur cœur de métier qui est l'humain et le bien-être du salarié. Le MBC va un peu plus loin en ajoutant un regard positif sur le salarié, un souci de l'intérêt général et une cohérence qui ouvre, par l'intelligence relationnelle, à l'intelligence collective.

LA BIENVEILLANCE, UNE CLÉ DU « BONHEUR » DANS LE MONDE PROFESSIONNEL ?

La dernière étude pour l'institut Great Place to Work publiée le 13 février 2014, indique que seuls 30 % des salariés se rendent au travail avec plaisir.

Pour l'Institut national de la santé et de la recherche médicale (INSERM), la progression constante de la souffrance au travail coûte entre 2,6 % et 3,8 % du PIB chaque année. Ces deux enquêtes plaident pour la bienveillance comme une contribution à un mieux-être au travail, un pas vers le bonheur au travail.

COMMENT DEVENIR UN MANAGER BIENVEILLANT ET CONGRUENT ?

Le manager bienveillant et congruent est dans le registre de l'humain. Par conséquent, pour devenir ce manager-là, vous devez pouvoir considérer chaque relation et interaction comme un apprentissage de plus. Il s'agit de faire progresser vos collaborateurs tout en progressant vous-même. Étant sorti du dilemme du dominant/dominé, vous serez en mesure de demander des retours sur votre management, d'écouter les feed-back et de vous en servir pour réajuster votre posture.

Petit plus

Dès qu'une sensation de malaise se fait sentir, suite à un échange avec un collaborateur ou face à une situation, posez-vous la question suivante : quelle attitude aurait été plus juste pour moi et bienveillante pour l'autre ? Ainsi, petit à petit, des réflexes vont s'installer. N'oubliez pas que tout nouvel apprentissage crée un nouveau chemin neuronal ; c'est la répétition qui le consolide, jusqu'à ce qu'il devienne un réflexe.

TOUS LES MANAGERS PEUVENT-ILS DEVENIR BIENVEILLANTS ?

Est-ce que toutes les personnalités ont une propension ou une appétence pour être des managers bienveillants et congruents ? Il semblerait que non. Dans l'outil de classification des personnalités le plus utilisé dans le monde, le MBTI (Myers Briggs Type Indicator), sur les quatre préférences de chaque personnalité, une seule (Intuition-Sentiment) érige la bienveillance en facteur de préférence. Ce qui veut dire que cette catégorie de personnalité aura une facilité pour ce type de management, car elle possède une propension naturelle à l'authenticité ou à l'empathie.

Attention, cela ne signifie évidemment pas que le challenge est impossible pour les autres personnalités, mais plutôt qu'ils devront consentir à plus d'efforts pour développer leur bienveillance.

QUE DISENT LES DERNIÈRES DÉCOUVERTES SUR CE STYLE DE MANAGEMENT ?

Les dernières recherches dans ce contexte se concentrent surtout sur les concepts de résonnance et de neurones miroirs.

- Le leader résonnant : dans tout groupe humain, le plus grand pouvoir d'influence émotionnelle est détenu par le meneur. Quand celui-ci favorise un climat émotionnel positif, il permet l'éclosion du meilleur de chacun : c'est la résonnance. Les recherches récentes sur le fonctionnement du cerveau ont mis à jour l'impact de l'humeur et des actions du manager sur les personnes qu'il dirige.

- Les neurones miroirs : le cerveau réagit aux actions faites par soi, mais également à celles faites par l'autre, ce qui explique par exemple, le phénomène des contagions émotionnelles. Grâce à nos neurones, quand l'autre fait un geste, les mêmes zones s'allument dans mon cerveau, comme si j'accomplissais moi-même réellement l'action. La vision que nous avons de notre relation à l'autre et au monde se trouve révolutionnée par cette découverte : il suffit pour comprendre les intentions de l'autre d'être à l'écoute de notre ressenti, de l'émotion générée en nous par l'attitude de l'autre, comme le précise le neuromanagement.

Le manager qui pratique la bienveillance et la congruence a conscience de l'impact de son humeur ou de son positionnement sur son équipe. Il sait qu'il se doit d'être positif et veiller à la cohérence de ses paroles, de ses gestes et de ses actes, il mesure le pouvoir de la résonnance entre son état et celui de ses salariés. Il est également très attentif à son état émotionnel lors de toute interaction, car toute modification le renseigne par effet miroir sur l'état émotionnel de son interlocuteur.

À VOUS DE JOUER !

LES BONNES QUESTIONS

Représenter l'autorité au sein d'un collectif engendre un pouvoir symbolique. En effet, le manager cristallise les projections des personnes qu'il dirige : elles lui attribuent, du fait de son statut, des pouvoirs ou des aptitudes qu'il ne détient pas forcément dans la réalité. Afin de ne pas succomber à cette illusion et de pratiquer un management bienveillant en étant congruent, posez-vous quelques questions. Répondez avec honnêteté, cela vous aidera à clarifier votre posture managériale.

- Pourquoi suis-je manager ? Quel est le sens de ma mission professionnelle ?
- Est-ce que je me sens à ma place ?
- Cette fonction est-elle en lien avec mes objectifs de vie ?

ATTENTION

Souvent, les managers non formés sont générateurs involontaires de stress pour leurs collaborateurs. C'est le cas classique du *middle management* de nos entreprises : parachutés à des postes pour lesquels ils ne sont pas outillés, ces managers fraîchement promus pensaient avoir décroché le Graal, et les voilà entre le marteau et l'enclume. Ils font alors comme ils peuvent, mais se retrouvent souvent prisonniers du triangle de Karpman (figure d'analyse des relations humaines) en tournant en boucle entre les rôles de victime, persécuteur et sauveteur, sans réussir à accompagner correctement leurs collaborateurs. Oui, il est nécessaire de le dire et le redire, manager est un métier qui ne s'improvise pas.

De la même manière, tout manager se doit d'être au clair avec les notions de pouvoir, d'autorité, de hiérarchie et de légitimité, afin de ne pas en être le pantin.

- Pouvoir : le pouvoir sur ou avec les autres ?
- Autorité : est-elle donnée par un titre ou s'acquiert-elle par le respect ?
- Hiérarchie : suis-je à l'aise avec cette notion ?
- Légitimité : qui la donne ?

S'OBSERVER ET SE CONNAÎTRE

Certains managers ne réalisent pas l'impact négatif que peut avoir leur comportement sur leurs collaborateurs. Ils n'ont aucune idée de l'image qu'ils peuvent renvoyer. Cette prise de conscience est pourtant une étape primordiale pour tout changement. Commencez par prendre conscience de votre influence, puis apprenez à en tirer le meilleur en vous appuyant sur vos points forts.

Pour mieux se connaître, pour être au fait de ses atouts et de ses points d'amélioration, il existe deux chemins : celui qui consiste à se faire accompagner et celui où le cheminement se fait seul à l'aide d'outils ou de pratiques.

- Pour se faire accompagner, il existe des méthodes basées sur la parole, d'autres sur le corps ou encore celles qui allient les deux.
- Pour le travail seul, il s'agit de trouver des outils qui vous conviennent, comme les tests de personnalité, les pratiques de méditations, les arts martiaux, le yoga ou la spiritualité ; toutes les voies sont efficaces. À vous de trouver celle qui est adaptée à votre recherche. N'oubliez pas que mieux se connaître aide à mieux connaître l'autre.

CONSOLIDER LES BASES

Bien entendu, il ne suffit pas de « greffer » une théorie managériale pour qu'elle prenne ; il est nécessaire que tout le corps l'accepte. Cela doit devenir une manière de fonctionner, de se comporter, ancrée et portée de préférence par l'ensemble de l'entreprise. Expérimentez et capitalisez ce qui marche pour vous. Appuyez-vous sur vos points forts pour tester sur d'autres champs. Si la communication est votre fort, servez-vous en comme levier pour le reste : elle vous aidera à avoir moins peur de faire des erreurs. N'oubliez pas que dorénavant, vous êtes plus indulgent avec ces dernières, y compris les vôtres.

À GARDER EN MÉMOIRE

- S'engager dans une démarche de changement suppose avant tout d'apprendre à désapprendre !
- Le management est un art, qui se cultive au quotidien. La bienveillance est un comportement exigeant, car un effort est fait pour l'autre.

Enfin, soyez attentif autour de vous et vous remarquerez que cette posture se développe. Ces managers-là laissent toujours une marque indélébile sur leurs équipes, car ils fertilisent là où ils passent.

Votre avis nous intéresse !

Laissez un commentaire sur le site de votre librairie en ligne et partagez vos coups de cœur sur les réseaux sociaux !

POUR ALLER PLUS LOIN

SOURCES BIBLIOGRAPHIQUES

- BARABEL (Michel) et MEIR (Olivier), *Manageor*, Paris, Dunod, 2006.
- BOUVIÉ (Alain), *Management et sciences cognitives*, Vendôme, PUF, 2007.
- BRUNEL (Valérie), *Les managers de l'âme*, Paris, La découverte, 2014.
- CHIBANE (Karima), *Le développement de l'intelligence émotionnelle des managers par le coaching*, mémoire DESU – Master I « Pratiques du coaching », Paris 8, 2015.
- CORNETTE DE SAINT CYR (Xavier), *Pratiquer la bienveillance*, Chêne-Bourg (Suisse), Jouvence, 2013.
- DÉTRIÉ (Philippe), *Manager au XXIe siècle*, Paris, Eyrolles, 2015.
- ENNESSER (Jean-Louis), « Le Neuromanagement, application concrète des neurones miroirs », in *Les Échos*, mai 2014, consulté le 3 février 2016.
  http://www.lesechos.fr/idees-debats/cercle/cercle-97921-le-neuromanagement-application-concrete-des-neurones-miroirs-1007086.php
- GIRARD (Anne), « Qu'est-ce qu'un management bienveillant ? », in *Seenago*, 2013, consulté le 24 janvier 2016.
  http://www.seenago.com/ (onglet Actualités/Publications)
- GOLEMAN (Daniel), BOYATZIS (Richard) et MC KEE (Annie), *L'intelligence émotionnelle au travail*, Paris, Pearson, 2010.
- HEINZ (Matthias), « Signaling cooperation », in *Social science research network*, novembre 2015, consulté le 24 janvier 2016.
  http://papers.ssrn.com/sol3/papers.cfm?abstract_id=2696911
- KOTSOU (Ilios), *Intelligence émotionnelle et management*, Louvain-la-Neuve (Belgique), De Boeck, 2015.

- LENHARDT (Vincent), *Les responsables porteurs de sens*, Neuilly-sur-Seine, Julhiet, 2012.
- « Les salariés des grandes entreprises françaises et le capital humain », étude Obéa pour le Trophée du capital humain, in *SlideShare*, juin 2014, consulté le 25 janvier 2016.
  http://fr.slideshare.net/MichaelPageFrance/1542-mp-frabrochurebookletweb-36340928
- MANTIONE (Florian) « Le management bienveillant : sujet, verbe, compliment », in *Florian Mantione Institut*, consulté le 20 janvier 2016.
  http://www.florianmantione.com/actualites/editos/247-le-management-bienveillant-sujet-verbe-compliment
- « Pour un management par la bienveillance », in *La Mutuelle bleue*, consulté le 25 janvier 2016.
  http://www.mutuellebleue.fr/actu-et-prevention/incollableu/pour-un-management-par-la-bienveillance
- SCHUTZ (Will), *L'élément humain*, Paris, InterÉditions-Dunod, 2006.
- SÉVE (Marie-Madeleine), « Sept clés pour manager avec bienveillance », in *L'Express l'Entreprise*, novembre 2011, consulté le 25 janvier 2016.
  http://lentreprise.lexpress.fr/rh-management/sept-cles-pour-manager-avec-bienveillance_1518872.html
- SOUDY (Eric), « Management bienveillant » in *Eric Soudy*, octobre 2011, consulté le 20 janvier 2016.
  https://sites.google.com/site/airhikzen/management-equitable/managementbienveillant
- STEILER (Dominique), SADOWSKY (John), ROCHE (Loïck), *Éloge du bien-être au travail*, Grenoble, Presses universitaires de Grenoble, 2010.
- TANQUEREL (Sabrina), « Oser le management bienveillant » in *Le Journal des grandes écoles et universités*, novembre 2014, consulté le 19 janvier 2016.
  http://journaldesgrandesecoles.com/oser-le-management-bienveillant%C2%A0/

- Tournant (Juliette), *La stratégie de la bienveillance ou l'intelligence de la coopération*, Paris, InterÉditions, 2014.
- Trehorel (Laure), « Se former au "management bienveillant" », in *Action Co*, octobre 2015, consulté le 24 janvier 2016. http://www.actionco.fr/Thematique/management-1020/Breves/Developpement-formation-management-bienveillant-259903.htm#.VplqAvnhA4Y
- Vittori (Jean-Marc), « Quand les entreprises embaucheront des cœurs », in *Les Échos*, janvier 2015, consulté le 24 janvier 2016. http://www.lesechos.fr/idees-debats/editos-analyses/021620697193-quand-les-entreprises-embaucheront-des-coeurs-1192532.php

SOURCES COMPLÉMENTAIRES

- Bandler (Richard) et Grinder (John), *La structure de la magie. Le livre fondateur de la PNL*, Paris, InterÉditions, 2015.
- Boyatzis (Richard E.) et Mc Kee (Annie), *Resonant Leadership. Renewing Yourself and Connecting with Others Through Mindfulness, Hope and Compassion*, Boston (États-Unis), Harvard Business School Press, 2005.
- Odier (Geneviève) et Segrera (Alberto S.), *Carl Rogers. Être vraiment soi-même. L'approche centrée sur la personne*, Paris, Eyrolles, 2012.
- Petitcollin (Christel), *Savoir écouter, ça s'apprend !*, Chêne-Bourg (Suisse), Jouvence Poche, 2012.
- Ramachandran (Vilayanur), *Le cerveau fait de l'esprit*, Paris, Dunod, 2011.
- Rizzolatti (Giacomo) et Signigaglia (Corrado), *Les neurones miroirs*, Paris, Odile Jacob, 2011.
- Rogers (Carl) et Pages (M.), *Le développement de la personne*, Paris, InterÉditions, 2005.

www.50minutes.com

Éditeur responsable : Lemaitre Publishing
Avenue de la Couronne 382 | BE-1050 Bruxelles
info@lemaitre-editions.com

ISBN ebook : 978-2-8062-7728-2
ISBN papier : 978-2-8062-7729-9
Dépôt légal : D/2016/12603/131
Photo de couverture : © weerapat1003 - Fotolia.com

Conception numérique : Primento,
le partenaire numérique des éditeurs

21719361R00024

Printed in Great Britain
by Amazon